CARNETS DE NATURE

JOUETS
DES BOIS ET DES CHAMPS

Collectif

Illustrations de Christian Heinrich
Couverture : Frédéric Pillot

MILAN
jeunesse

Comment utiliser ton carnet

Ton carnet a été conçu pour que tu puisses t'en servir directement dans la nature : grâce à son petit format, tu peux facilement le glisser dans ta poche ou dans ton sac à dos, et l'avoir ainsi toujours avec toi.

Ton carnet comporte 45 jeux ou jouets à réaliser dans la nature. Il t'explique d'abord quels matériaux et en particulier quel type de bois utiliser pour les fabriquer. Il te présente ensuite tous les outils qui te seront utiles et les règles élémentaires de sécurité à respecter.

Avant de commencer, lis attentivement les pages 4 et 5 : tu y trouveras la liste des outils dont tu auras besoin ainsi que la façon de les utiliser et des indications précieuses sur les matériaux nécessaires.

● des **gros plans** sur les points délicats à réaliser, qui te montrent comment procéder.

Un petit texte t'explique, quand il le faut, la règle du jeu, ou en quoi il consiste.

Sommaire

L'index te permettra de retrouver rapidement le jouet de ton choix et de cocher au fur et à mesure de tes réalisations.

Chaque double page te propose plusieurs jeux ou jouets à réaliser.
Ceux-ci sont regroupés par thème, chacun étant présenté par une courte introduction.
Pour chaque construction tu trouveras :

- le **nom** du jeu ou jouet à fabriquer ;
- des **indications**, numérotées lorsque cela est nécessaire, qui te donnent la marche à suivre ;

20 CARNET D'ACTIVITÉS

JOUETS DES BOIS ET DES CHAMPS 21

La locomotive

❶ *Prends une branche de 16 cm et d'un diamètre minimum de 4 cm.*

❷ *Creuse-la à l'avant pour y insérer une cheminée (faite avec une autre branche de diamètre inférieur).*

16 cm
4 cm
3 cm
3,5 cm
4 cm
3 cm
percer

❸ *Procède de la même façon à l'arrière pour fabriquer la cabine. Pour consolider ta construction, il est préférable de fixer la cheminée et la cabine avec de la colle.*

❹ *Perce la branche dans sa largeur aux 4 endroits indiqués sur le schéma.*

pare-chocs triangulaire (taillé dans une branche)

❺ *Enfile dans chaque trou un axe fait de bois dur, que tu laisseras dépasser de chaque côté. Prévois du jeu pour que les roues puissent tourner.*

❻ *Découpe dans une branche de 3 cm de diamètre, 6 roues d'une épaisseur de 8 mm, et dans une branche de 4 cm de diamètre, 2 roues de la même épaisseur que les autres.*

❼ *Perce les roues en leur milieu (le diamètre du trou doit permettre d'y insérer l'axe légèrement en force).*

❽ *Emboîte les roues en plaçant les 2 plus grandes à l'arrière. Si les roues ne tiennent pas, colle-les sur l'axe.*

Les wagons

❶ *Pour construire les wagons, prends des branches plus petites (par exemple 10 cm de long et 3 cm de diamètre).*

❷ *Fixes-y 4 roues selon le même procédé.*

❸ *Réalise des crochets avec du fil de fer. Insère-les, après les avoir enduits de colle, dans des trous très fins que tu auras préalablement percés (à la vrille) aux 2 extrémités des wagons et à l'arrière de la locomotive. Cela te permettra d'atteler les wagons les uns aux autres.*

Tu peux varier la forme des wagons en fonction des matériaux à transporter.

Chemins de fer...

Libre à toi de dessiner des rails sur le sol et de confectionner des barrières et autres signaux avec de petites branches. Tu peux même construire une gare en t'inspirant du principe de construction des maisons p. 28-29.

Des encadrés te fournissent des informations complémentaires : histoire du jeu présenté ou explications sur son nom, trucs pratiques pour mieux réussir tes constructions, indications précieuses pour reconnaître le bois à utiliser, consignes de prudence à observer.

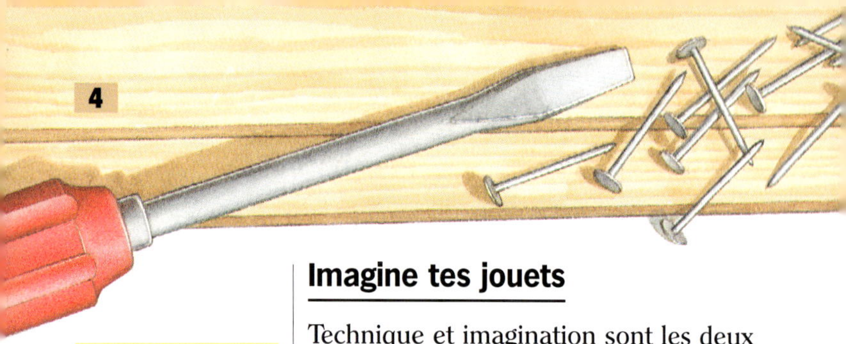

Quel bois choisir

Chaque essence de bois a ses propriétés propres et selon l'objet que tu veux fabriquer, il faut trouver la mieux adaptée.

Le plus souvent, on utilise le noisetier, le frêne, le fusain, le sureau ainsi que les branches élaguées des arbres fruitiers. Des encadrés te donnent des informations pour les identifier. Quand il faut un bois particulier, celui-ci est précisé. Si tu ne trouves pas la variété d'arbuste recommandée, ou si tu ne sais pas la reconnaître, cherche autour de toi le bois vert qui a les mêmes caractéristiques (baguettes droites, tiges souples, bois dur...)

Imagine tes jouets

Technique et imagination sont les deux mots clés pour les réalisations qui suivent. Un minimum de connaissances pratiques et techniques est indispensable pour fabriquer des objets solides et qui fonctionneront. La nature est généreuse et offre des matériaux variés, à toi d'apprendre à les transformer pour en faire des jouets très divers. Mais il te faudra aussi faire preuve d'imagination, pour personnaliser tes constructions, les améliorer, les embellir.

Les matériaux

Tu trouveras la plupart directement dans la nature. Le matériau de base est bien sûr le bois, facile à se procurer, toujours disponible et gratuit ! Même en ville, tu peux demander à ramasser des branches dans les parcs au moment de la taille (fin de l'automne et début de l'hiver). On utilise très souvent du « bois vert », c'est-à-dire les pousses d'un an des buissons. Tu peux en faire une provision et les garder dans une cave fraîche pour éviter qu'elles ne sèchent trop.

Il est d'ailleurs conseillé de travailler un bois déjà un peu sec car, s'il est plus difficile à tailler, il a en revanche l'avantage d'être plus dur et de mieux garder sa forme. La branche d'arbre est un excellent matériau, dont la forme ronde rend la manipulation aisée. Elle offre en outre des formes, des couleurs et des propriétés variées, autant de stimulants pour l'imagination.

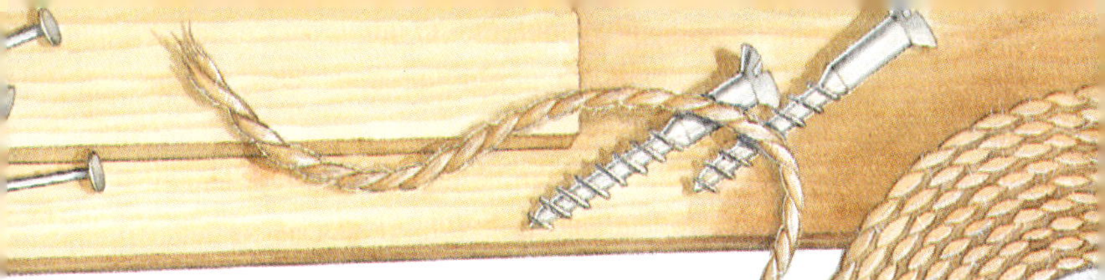

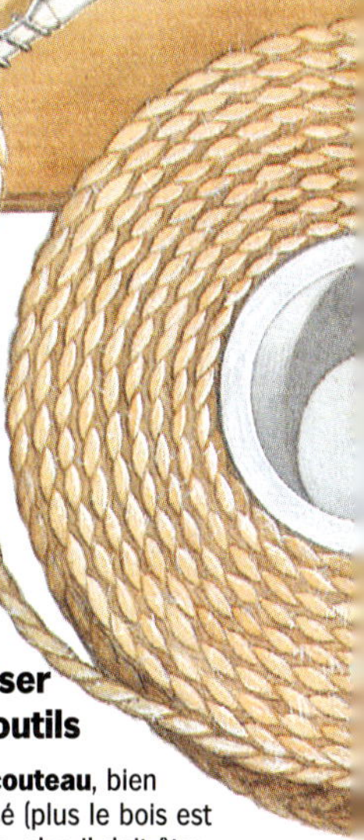

Les outils

Certaines constructions demandent quelques outils. Fais bien attention en les utilisant car une mauvaise manipulation peut être dangereuse. Assure-toi qu'ils sont toujours bien affûtés, condition nécessaire à leur utilisation en toute sécurité. Au besoin, fais-toi aider par un adulte.

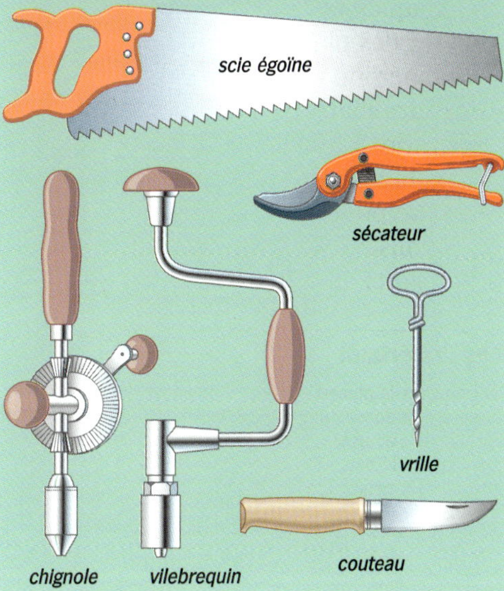

Préserver la nature

- Coupe des rejets de souches (tiges en général droites, qui repoussent du pied de certains arbres, comme le noisetier, le frêne, le châtaignier...) ou des branches d'arbustes (qui sont souvent souples, comme le troène, le cornouiller, le fusain...).
- Ne coupe pas de jeunes arbres ou des branches sur un arbre adulte.
- Fais des coupes nettes (sécateur) où l'eau glisse, empêchant l'entrée de parasites comme les moisissures.

Utiliser les outils

- Le **couteau**, bien aiguisé (plus le bois est tendre, plus il doit être tranchant) et manié avec prudence. Choisis un couteau de poche qui ne puisse pas se refermer accidentellement et protège-toi le pouce avec du sparadrap épais. Pour tailler du bois, garde le plus longtemps possible un grand morceau, plus facile à tenir pour travailler. Pour le dégrossissage, il faut de la force : taille vers l'extérieur. Appuie plus ou moins fort, selon la dureté du bois et le résultat souhaité.
- La **scie égoïne**, pour découper avec finesse les morceaux de bois. Tiens-la bien droite pour ne pas couper de travers. Ne force pas. Pour enclencher, tire vers toi d'un petit coup sec.
- Le **sécateur**, pour couper les branches fines.
- La **vrille**, le **vilebrequin** ou la **chignole**, pour percer les trous.

Un peu d'histoire

Le jeu des jonchets se pratiquait déjà en France au XIVe siècle. Les baguettes, une cinquantaine en général, pouvaient être en bois précieux et même en ivoire.

Jeux d'adresse

Les jeux qui suivent sont assez faciles à réaliser. Toute la difficulté réside ensuite dans l'exécution du jeu. La plupart de ces jeux d'adresse se pratiquent depuis plusieurs siècles. Certains sont des jeux solitaires, d'autres se font à plusieurs, mais tous demandent une grande dextérité. Alors voici le moment de tester ton habileté et ta patience.

Les jonchets

Le jeu consiste à retirer les baguettes une à une sans faire bouger l'empilement. Si l'on réussit, on continue. Sinon, le joueur suivant prend le relais. Le gagnant est celui qui a sorti le plus de baguettes.

Variante : attribuer aux baguettes un nombre de points différent. À la fin de la partie, chaque joueur fait le total des points des baguettes qu'il a retirées. Pour les différencier, utilise des baguettes de différentes couleurs (cornouiller, noisetier...) écorcées ou non ; ou bien décore tes baguettes en enlevant l'écorce (en lanières, en bandes...) ou par endroits seulement (aux extrémités, au milieu...).

❶ Coupe une trentaine de baguettes à peu près droites (de moins de 1 cm de diamètre), de 30 cm de long environ.

❷ Rassemble-les en un fagot bien droit.

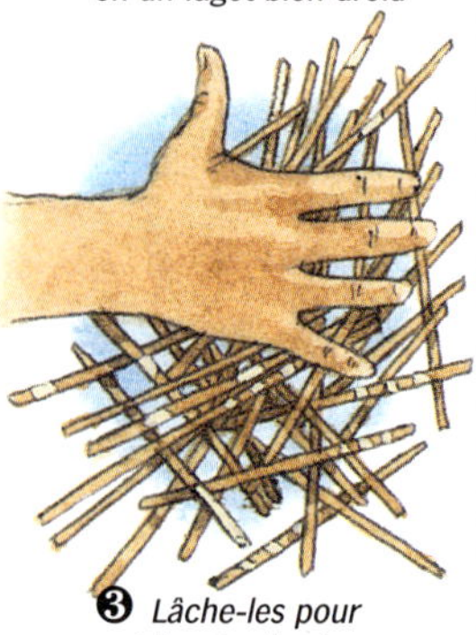

❸ Lâche-les pour qu'elles tombent en s'entremêlant.

Le cornouiller

Pour vérifier qu'il s'agit bien de bois de cornouiller : déchire délicatement une feuille. Si de la sève relie les nervures ainsi rompues, il s'agit bien de cornouiller. Une bonne idée pour faire un tour de magie !

Le petit casse-tête

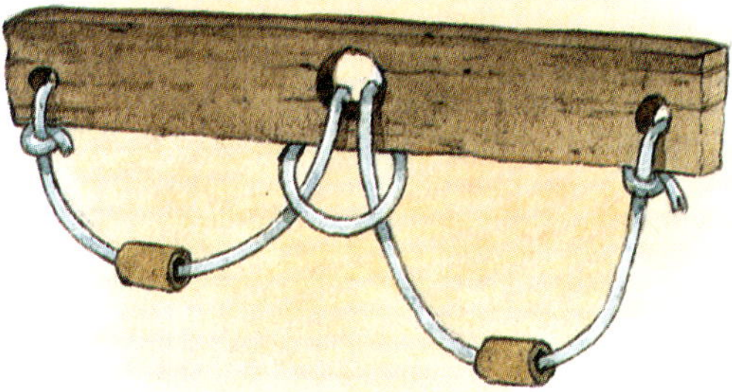

❶ *Prends un morceau de bois (noisetier ou châtaignier). Choisis un joli morceau.*

❷ *Taille 2 perles dans du roseau.*

❸ *Accroche une ficelle comme indiqué sur le dessin, sans oublier d'enfiler les perles au bon endroit.*

Le jeu consiste à amener les 2 perles du même côté sans détacher les nœuds. Bon courage !

Si vraiment tu ne trouves pas la solution, elle figure en p. 30. Mais tu n'es pas obligé de la lire immédiatement !

Le yo-yo en bois vert

❶ *Prends 4 baguettes droites et flexibles (troène, fusain, petit houx...) de même longueur.*

❷ *Découpe 3 entretoises, selon le dessin, dans un bois plus dur (branche de noisetier fendue par exemple).*

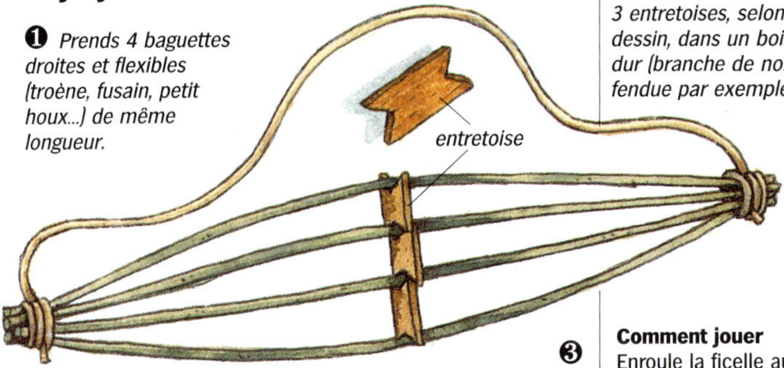

❸ *Rassemble les baguettes comme si tu faisais un bouquet et maintiens-les ainsi en les attachant avec de la ficelle à chaque extrémité.*

❹ *Glisse les entretoises en leur milieu, la 1re entre la 1re et la 2e baguette, la 2e entre la 2e et la 3e baguette et ainsi de suite. Tu obtiens un fuseau.*

❺ *Attache les extrémités d'une ficelle, chacune à un bout du fuseau. Ce sera la ficelle de ton yo-yo.*

Comment jouer
Enroule la ficelle aux extrémités puis tiens-la en son milieu à une main. Laisse tomber le yo-yo d'un geste précis, mais sans brutalité. Arrivé à la fin de sa course, le yo-yo aura tendance à remonter de lui-même, d'au moins quelques centimètres. Pour le faire parvenir jusqu'en haut, la main doit avoir, dans un mouvement souple d'aller et retour, des mouvements analogues à ceux qui font rebondir une balle à terre.

Le fusain

Le fusain a des tiges bien droites. Sur les jeunes rameaux, 4 lanières de liège saillantes forment 4 angles. Le fruit ressemble à un ancien bonnet de prêtre. Son bois carbonisé donne le fusain des dessinateurs.

Un peu d'histoire

Au XVIIe siècle il existait une « foire franche des bilboquets » où se défiaient les différents corps de métiers. On raconte que, sous Louis XV, les actrices interprétaient Racine et Corneille en jouant au bilboquet sur scène, entre 2 répliques.

Le voyageur

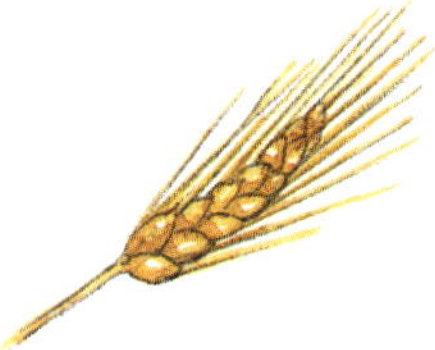

Procure-toi un épi d'orge des murs, appelée encore « queue-de-rat ».

Glisse-le dans ta manche entre linge et peau, et après quelques mouvements du bras, cueille-le à ton épaule ou à ton cou : un numéro de passe-passe qui étonnera tes amis !

Le bilboquet

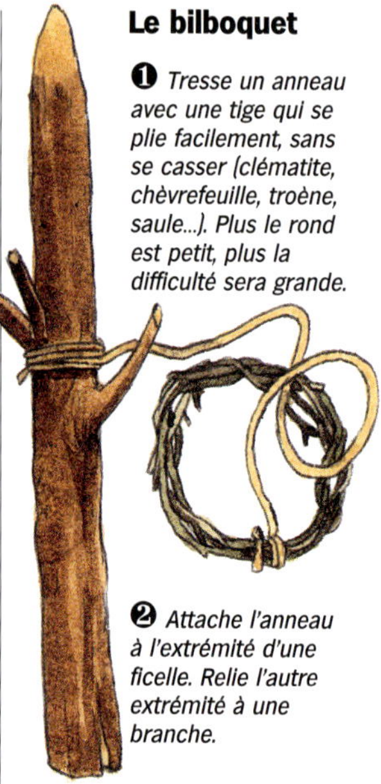

❶ *Tresse un anneau avec une tige qui se plie facilement, sans se casser (clématite, chèvrefeuille, troène, saule...). Plus le rond est petit, plus la difficulté sera grande.*

❷ *Attache l'anneau à l'extrémité d'une ficelle. Relie l'autre extrémité à une branche.*

Le jeu consiste à tenir la branche d'une main et à essayer d'enfiler l'anneau sur la branche sans t'aider de l'autre main, bien entendu. Si tu choisis une tige avec des départs de rameaux, il faudra enfiler l'anneau successivement sur chacun d'eux.

La toupie

❶ *Prends un gland. Coupe-le dans sa hauteur.*

❷ *Plante au milieu une petite tige de bois dur pointue.*

Tu peux également utiliser du roseau ou du bambou. Enfonce alors un morceau de bouchon de liège et, au milieu, une branchette pointue. Ferme le haut et le bas par une rondelle de liège.

Les grâces

❶ *Taille 4 baguettes (de 50 à 70 cm) et écorce-les pour ôter toutes les aspérités.*

❷ *Tresse un anneau (comme pour le bilboquet). Il aura 15 à 20 cm de diamètre.*

Règle du jeu

On joue à 2 : les joueurs tiennent une baguette dans chaque main. Pour commencer, l'un des joueurs enfile l'anneau sur ses 2 baguettes. En les croisant, puis en les écartant brusquement dans un mouvement vers le haut, il fait partir l'anneau. L'autre joueur doit le réceptionner avec ses 2 baguettes. Si l'anneau est suffisamment solide, tu arriveras, avec un peu d'entraînement, à le projeter à une vingtaine de mètres.

Un peu d'histoire

Le nom des « grâces » vient des « grâcieuses », jeunes filles et dames qui pratiquaient ce jeu, en particulier vers 1825, époque où il était en vogue. On peut aussi jouer avec 2 anneaux qui se croisent alors en l'air.

La graine sauteuse

❶ *Prends une paille (de blé par exemple) ou un petit roseau.*

❷ *Fais-y une encoche.*

❸ *Place une graine dans l'encoche.*

Le jeu consiste non seulement à souffler pour projeter la graine en l'air, mais aussi à la rattraper ! Tu peux même organiser des concours d'adresse.

Le moulinet

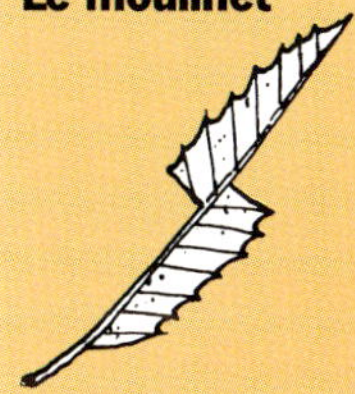

Découpe une feuille de châtaignier comme indiqué sur le dessin.

Pique une épingle au milieu de la feuille. Cours en tenant la feuille par l'épingle : le moulinet tourne.

En avant la musique !

Il y a mille et une manières de faire du bruit et même de la musique avec des matériaux naturels. Voici quelques réalisations possibles. Avec des amis et un peu d'entraînement, tu pourras facilement monter un orchestre !

Les rhombes

❶ *Prends un morceau d'écorce ou une baguette que tu auras fendue. Attaches-y une ficelle.*

❷ *Fais tourner ton instrument autour de toi (attention aux voisins !).*

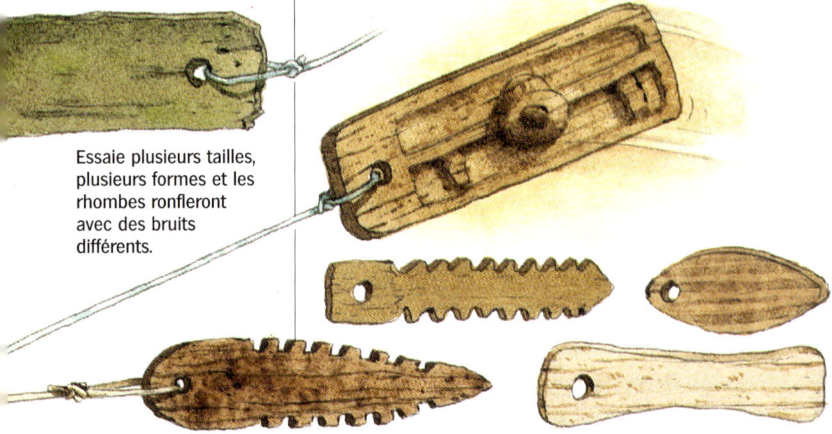

Essaie plusieurs tailles, plusieurs formes et les rhombes ronfleront avec des bruits différents.

L'oiseau

❶ *Prends un morceau de roseau ou de bambou auquel tu laisses les nœuds aux 2 extrémités. Pratique une fente sur le dessus.*

❷ *Au milieu des nœuds, fais un petit trou. Introduis une ficelle dans un des trous. Fais-la ressortir par la fente pour y faire un nœud puis remets-la en place.*

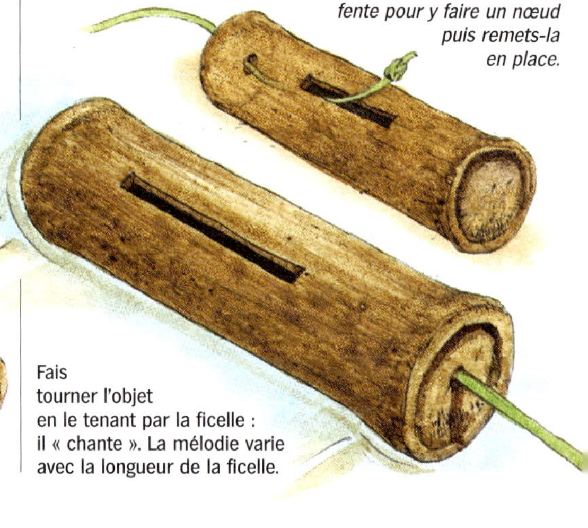

Fais tourner l'objet en le tenant par la ficelle : il « chante ». La mélodie varie avec la longueur de la ficelle.

La crécelle rustique

❶ *Coupe une tige avec 3 branches. Choisis des branches plutôt sèches.*

❷ *Fixe sur la tige centrale une petite baguette avec une épingle ou une branchette aiguisée.*

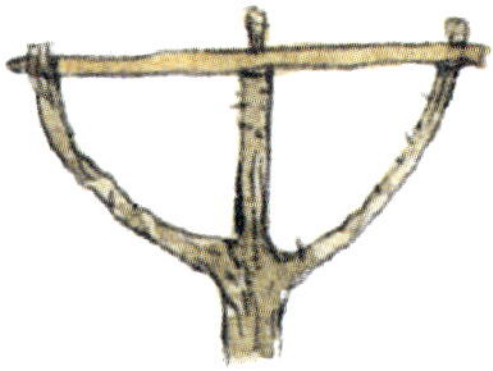

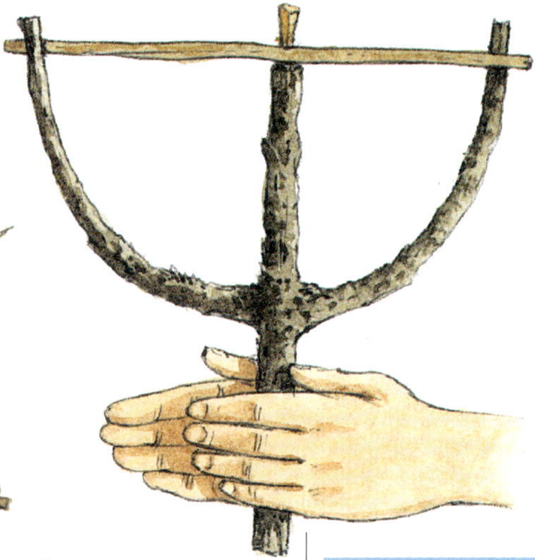

❸ *Fais tourner la tige centrale entre tes mains, alternativement vers la gauche puis vers la droite : ça claque !*

Le chardon cardère convient bien et se reconnaît facilement tout au long de l'année.

Le claquet

Récolte des lanières d'écorce (sur un arbre abattu ou sur une branche moyenne) ou de grandes feuilles, comme celles des iris.

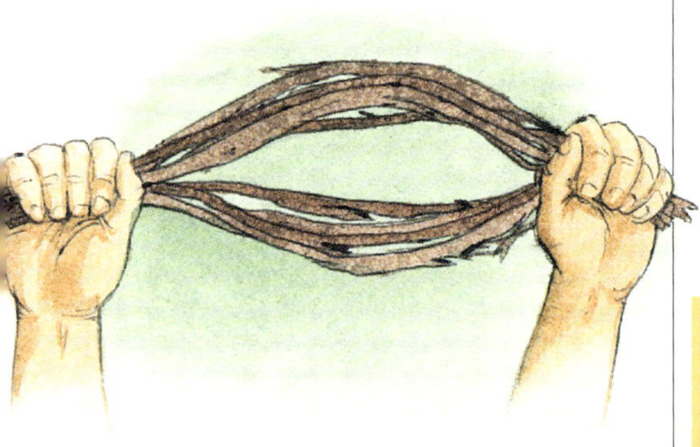

Rapproche et éloigne les poings, tout en maintenant fermement les 2 touffes. Elles claquent. Tu peux ainsi imiter le bruit d'applaudissements ou encore faire un concours : à qui fera le plus de bruit !

iris

Un peu d'histoire

On appelle « claqueur », au théâtre, celui qui, moyennant paiement, applaudit lors d'une représentation.
Le claquet te permettra d'être un claqueur efficace !

La toupie sifflante

❶ *Prends un morceau de roseau ou de bambou (diamètre légèrement supérieur à celui du bouchon).*

❷ *Coupe un morceau de bouchon de liège. Perce-le en son centre et enfonce-le pour fermer le bas du cylindre.*

❸ *Taille une tige de bois dur en pointe et plante-la verticalement au milieu du bouchon en la faisant dépasser de chaque côté.*

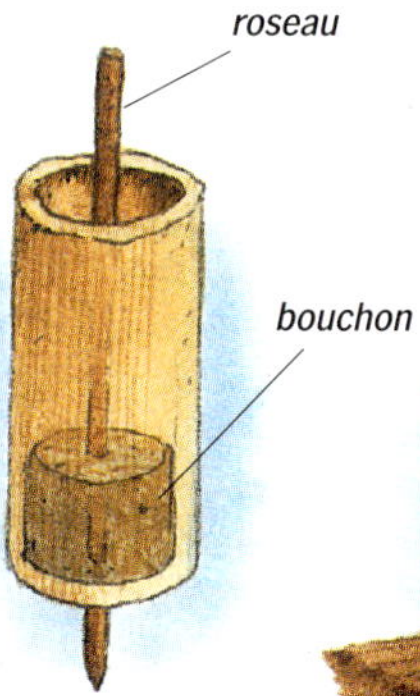

❹ *Fais un trou en biseau, ce qui permet à ta toupie de siffler quand elle tourne.*

La grenouille coassante

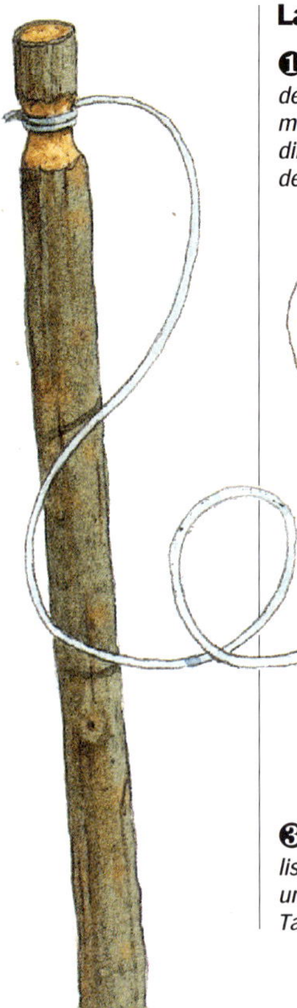

❶ *Prends une demi-coquille de noix vide. Découpe un morceau de papier fort à la dimension exacte du dessus de la coquille.*

❷ *Traverse le papier à peu près en son milieu avec le fil. Fais un nœud. Recouvre la coquille avec le papier que tu colles tout autour (le nœud se trouve donc à l'intérieur.)*

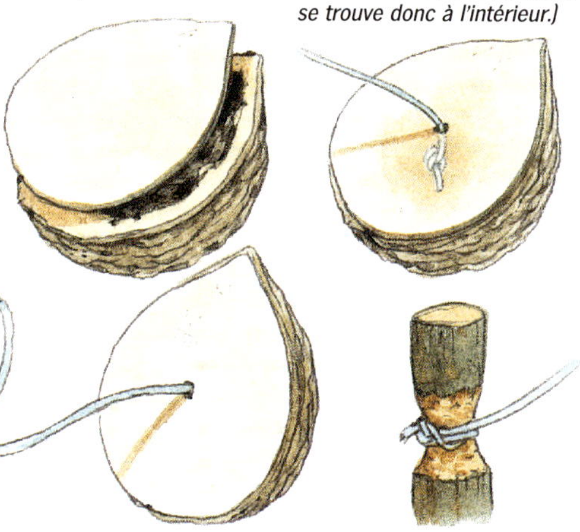

❸ *Attache le fil à un bâton après avoir fait une gorge bien lisse à l'une des extrémités. Mouille la gorge (la salive est un bon lubrifiant !) et fais tourner la coque avec le bâton. Ta grenouille va se mettre à chanter.*

Le sifflet

❶ *Coupe dans une tige de bambou un tube de 10 cm environ. Il sera ouvert d'un côté et fermé par un nœud du bois de l'autre.*

❷ *Fais une entaille à 2 cm de l'extrémité ouverte. D'un côté, elle sera coupée perpendiculairement au tube, et de l'autre, à 45°.*

❸ *Coupe, dans un morceau de châtaignier, un bouchon dont le diamètre permettra de l'enfiler dans le tube. Tronque le bouchon sur 1 ou 2 mm d'épaisseur. Puis enfonce-le dans le tube.*

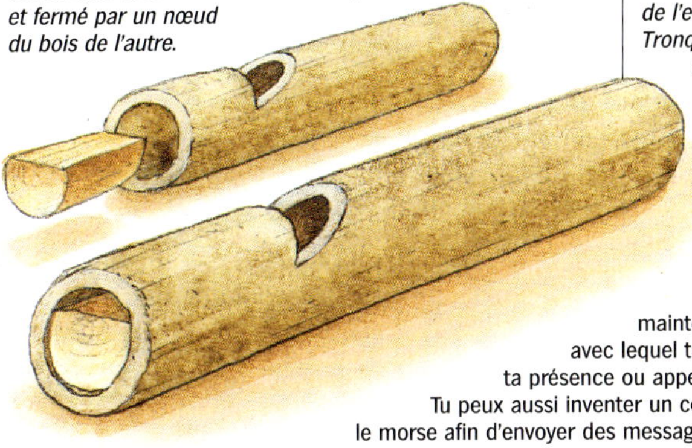

Tu possèdes maintenant un sifflet avec lequel tu pourras signaler ta présence ou appeler tes amis. Tu peux aussi inventer un code calqué sur le morse afin d'envoyer des messages secrets.

Le mirliton

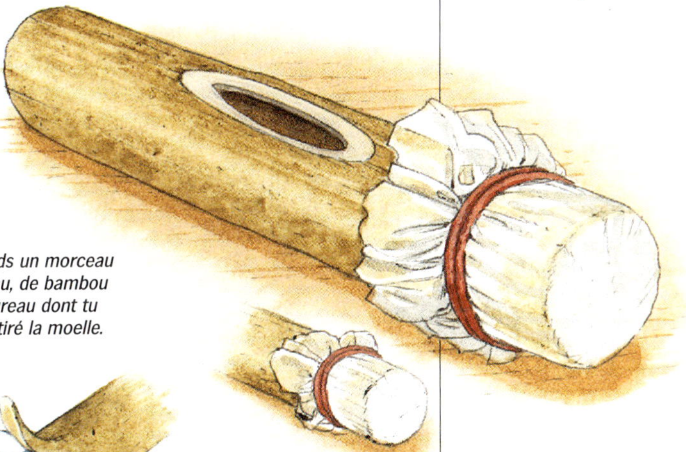

❶ *Prends un morceau de roseau, de bambou ou de sureau dont tu auras retiré la moelle.*

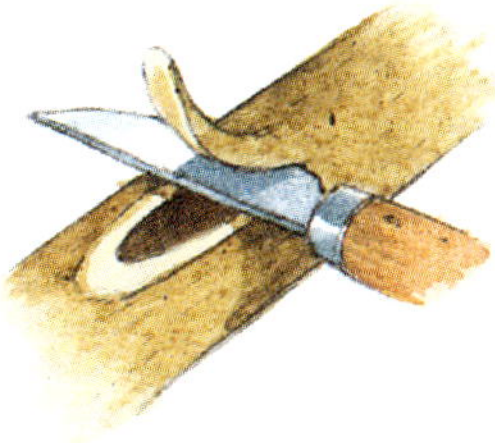

❷ *Taille une encoche de 2 ou 3 cm sur le dessus.*

❸ *Referme une extrémité avec un papier de soie (ou papier cristal) ; ou bien utilise de la pelure d'oignon (fais-la tremper 5 min). Fixe le papier avec du fil, ou un bracelet élastique, autour du roseau.*

Chante dans le trou et ta voix sera amplifiée. Avec des mirlitons de différentes longueurs, on peut constituer un véritable orchestre.

La flèche polynésienne

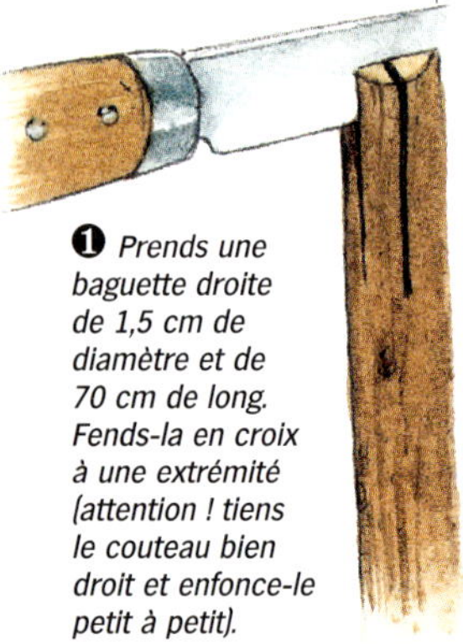

❶ *Prends une baguette droite de 1,5 cm de diamètre et de 70 cm de long. Fends-la en croix à une extrémité (attention ! tiens le couteau bien droit et enfonce-le petit à petit).*

❷ *Découpe 2 rectangles (8 x 5 cm) dans du carton fort (boîte à chaussure). Fends-les en leur milieu jusqu'à la moitié. Insère-les l'un dans l'autre.*

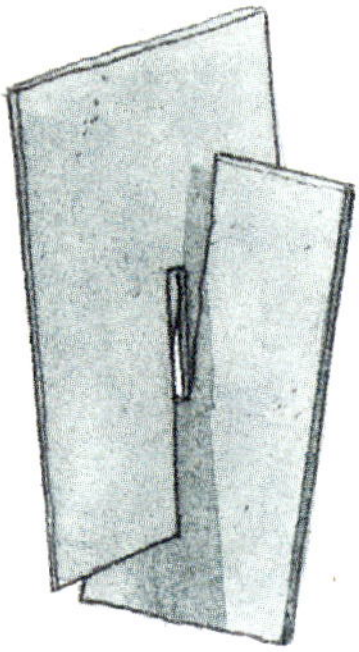

❸ *Glisse cet assemblage dans les fentes de la baguette.*

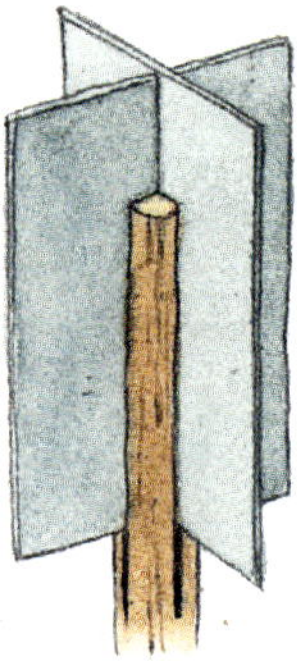

❹ *Fais une petite gorge bien lisse en dessous des fentes.*

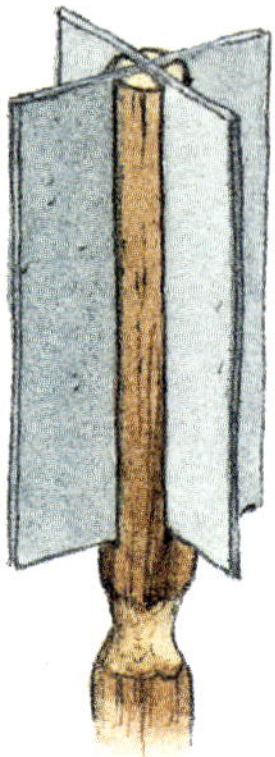

Lancement

Fais un nœud au bout d'une ficelle. Entoure-la autour de la gorge comme sur le dessin. Tiens la flèche comme un javelot avec la ficelle droite et bien tendue le long de la flèche, le bout libre étant enroulé autour de ton poignet. Lance la flèche sans lâcher la ficelle. Attention ! Veiller à ce que personne ne se trouve à proximité devant le lanceur.

En plein dans le mille

Es-tu bon tireur ? Tu vas vite le savoir grâce aux jeux qui suivent. Si les premiers résultats ne sont pas probants, entraîne-toi en visant d'abord des cibles assez proches, puis en choisissant des objectifs de plus en plus difficiles à atteindre. Lorsque tu auras suffisamment de dextérité, organise des concours de tir.

L'hélice vagabonde

❶ *Choisis une branche de noisetier, de frêne ou de châtaignier de 16 à 20 cm de long (3 ou 4 cm de diamètre). Délimite au milieu de cette branche un espace de 4 cm.*

❷ *De chaque côté de cet espace, taille la branche pour en réduire l'épaisseur. Affine d'abord un côté, puis fais pivoter la branche d'un quart de tour avant d'affiner l'autre côté.*

❸ *Fais un trou sur la partie centrale. Le diamètre sera égal à celui d'un bout de roseau de 8 cm de long que tu auras coupé en laissant un nœud d'un côté.*

❹ *Bloque ce roseau dans le trou (le nœud dans l'hélice).*

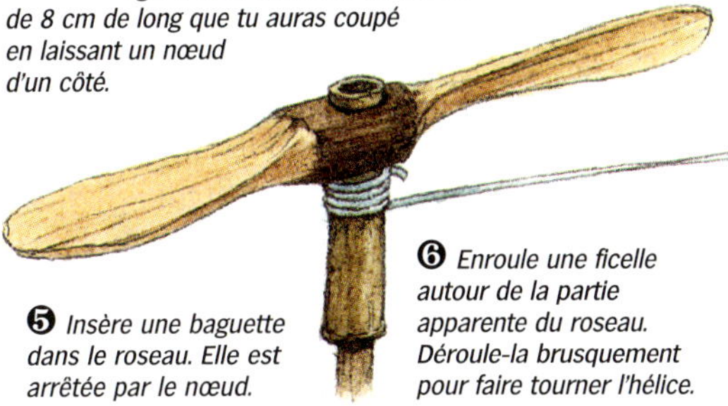

❺ *Insère une baguette dans le roseau. Elle est arrêtée par le nœud.*

❻ *Enroule une ficelle autour de la partie apparente du roseau. Déroule-la brusquement pour faire tourner l'hélice.*

❼ *L'hélice s'envole, mais comme elle est vagabonde... pas toujours où l'on croit.*

Avec du sureau

La sarbacane

Coupe un rameau de sureau et chasse la moelle blanche de la tige avec une tige de bois dur. Voici une sarbacane avec laquelle tu pourras viser des cibles (prends des petites brindilles comme munitions).

La seringue

Enfile dans la baguette de sureau une branche de noisetier du diamètre du trou, pour faire un piston (entoure-la de ficelle fine pour l'ajuster). Mets un bouchon percé d'un petit trou à l'extrémité. Voici une grosse seringue pour projeter de l'eau.

Le sureau

C'est un arbuste très ramifié, aux feuilles composées, à plusieurs troncs recouverts d'une écorce qui se gerce et s'écaille avec l'âge. Les rameaux cassants contiennent une moelle blanche, facile à enlever. En été, il porte des baies rouges, puis noir-violacé.

Le noisetier

Les tiges périssent avec l'âge : elles sont remplacées par des rejets vigoureux qui se forment à leur base, et que l'on peut couper. On le reconnaît aux noisettes et aux chatons l'hiver.

Le frêne

Cet arbre à feuilles composées a des bourgeons d'un noir d'encre, ce qui permet de le repérer hiver comme été.

L'arc fronde

Enfile un projectile sur une tige souple et lance-le.

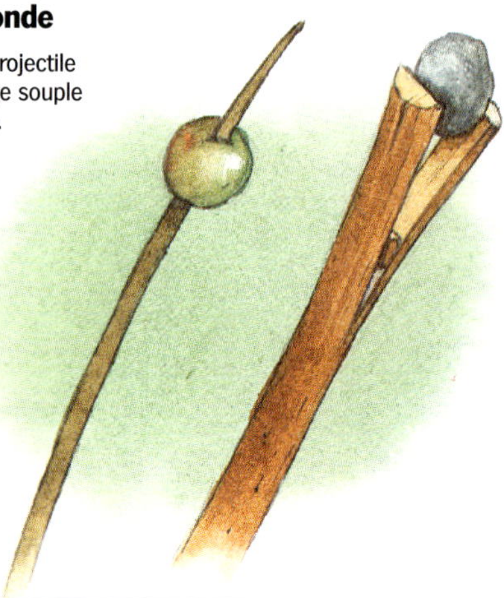

La fronde affiloir

Prends une baguette flexible et fends-la à un bout. Maintiens la fente ouverte avec un petit coin en bois ou un petit caillou. Introduis-y une petite pierre ronde. Projette-la d'un vif coup de baguette (comme si tu donnais un coup de fouet).
Attention de ne faire mal à personne !

Un projectile : le plantain

Prends une tige de plantain.

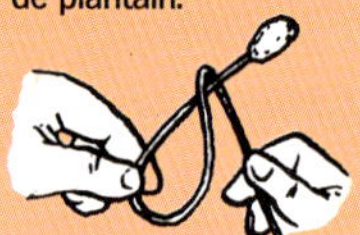

Tords-la pour en faire une boucle.

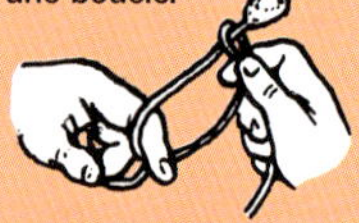

Avec le doigt, donne un brusque coup vers le bas.

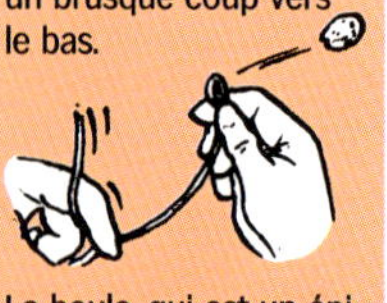

La boule, qui est un épi, est projetée en l'air.

Le bambou propulseur

❶ *Prends une tige de bambou. Pratique plusieurs fentes à une extrémité.*

❷ *Coince le projectile dans les fentes grâce à la flexibilité des brins fendus.*

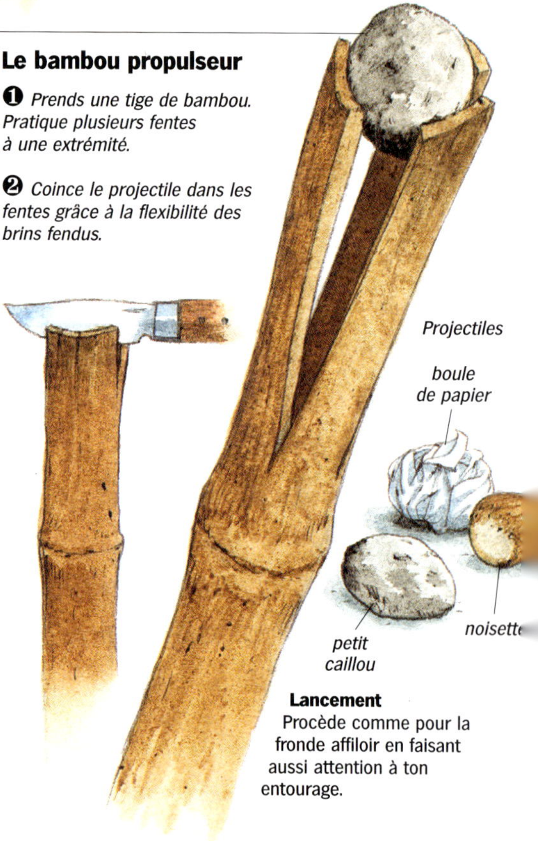

Lancement
Procède comme pour la fronde affiloir en faisant aussi attention à ton entourage.

Les fléchettes

En utilisant les capitules de bardane, tu peux réaliser des fléchettes.

Tu peux organiser des parties à plusieurs : attribue une valeur de points à chaque tranche de la cible. Chacun dispose de 3 fléchettes. Le gagnant est celui qui totalise le plus grand nombre de points avec ses 3 fléchettes.

1 *Accroche 3 capitules ensemble.*

2 *Fixe en leur milieu une brindille avec des feuilles ou une plume.*

3 *Dessine une cible sur un morceau de tissu.*

Fixe la cible sur un arbre.

Les amourettes

Détache-les de leur plante, la bardane, puis lance-les sur la personne de ton choix. Elles s'accrochent aux vêtements de ceux que l'on aime !

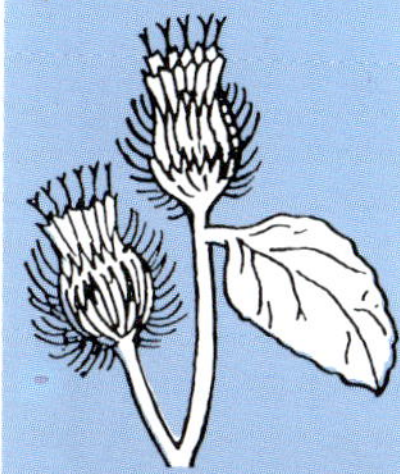

petite bardane

Le lance-pierres

1 *Prends une fourche en bois dur (de 15 à 20 cm). Aux 2 extrémités de la fourche, taille une encoche.*

2 *Dans un morceau de cuir rectangulaire (7 x 4 cm), perce 2 trous à 2 cm du bord et centrés dans la hauteur.*

3 *Enfile la pièce de cuir sur l'élastique et accroche chaque extrémité de l'élastique sur une encoche de la fourche. Utilise des petits cailloux comme projectiles.*

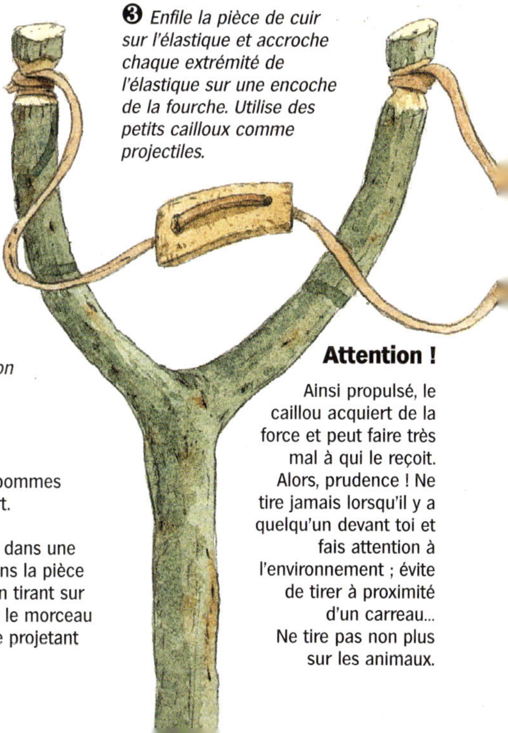

4 *Tu peux personnaliser ton lance-pierres en le décorant : avec ton couteau, retire l'écorce par endroits de façon à ce que le bois mis à nu dessine des motifs.*

Choisis des cibles, par exemple des pommes de pin que tu placeras sur un support.

Tiens le « manche » du lance-pierres dans une main. Avec l'autre, tiens un caillou dans la pièce de cuir et tends l'élastique vers toi, en tirant sur la pièce de cuir. Vise la cible et lâche le morceau de cuir qui libère ainsi le caillou en le projetant dans la direction voulue.

Attention !

Ainsi propulsé, le caillou acquiert de la force et peut faire très mal à qui le reçoit. Alors, prudence ! Ne tire jamais lorsqu'il y a quelqu'un devant toi et fais attention à l'environnement ; évite de tirer à proximité d'un carreau... Ne tire pas non plus sur les animaux.

Des voitures

Ramasse des branches dont les formes te plaisent et t'évoquent des voitures, même les plus originales, comme celles des « fous du volant ».

Des bâtons dans les roues

Il est possible de fabriquer, avec des matériaux très simples, différents engins roulants. L'éventail est assez large, selon la façon d'assembler les divers morceaux.

❶ *Prends une branche pour faire la caisse de la voiture. Perce-la à l'avant et à l'arrière, dans le sens de la largeur.*

❷ *Introduis un axe, (fait dans du bois dur) dans chaque trou, en le laissant dépasser des 2 côtés.*

❸ *Découpe 4 roues dans une autre branche et perce-les en leur milieu (diamètre légèrement supérieur à celui de l'axe).*
Les roues avant et arrière peuvent être de diamètre différent.

❹ *Emboîte les roues sur les axes. Cheville de part et d'autre de chaque roue. Elles doivent pouvoir tourner pour faire rouler la voiture.*

Libre à toi d'inventer d'autres engins sur le même principe de construction.

La tour de Hanoï

Voici un jeu à 6 roues
qui pourtant ne roule pas !

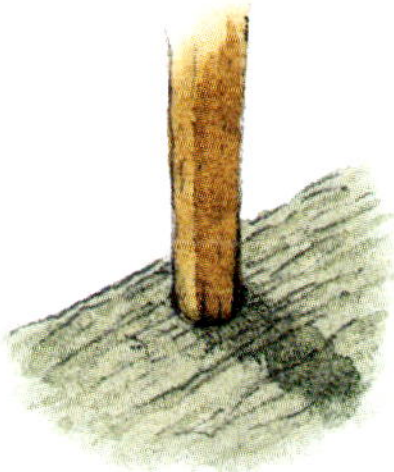

❶ *Découpe dans des bûches 6 roues de diamètre différent (1 cm d'épaisseur).*

❷ *Perce en leur centre un trou de 1,2 à 1,5 cm de diamètre en faisant plusieurs petits trous côte à côte.*

❸ *Coupe 3 baguettes de 1 cm de diamètre et d'une longueur supérieure aux 6 roues empilées.*

❹ *Plante les 3 baguettes dans une bûche que tu cales. Enfile les 6 roues sur la 1re baguette en mélangeant les tailles.*

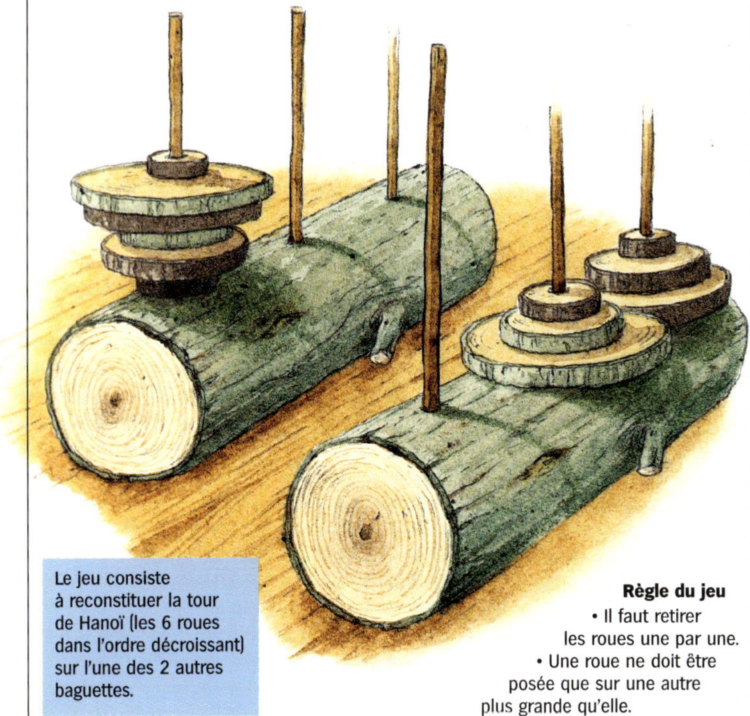

Le jeu consiste à reconstituer la tour de Hanoï (les 6 roues dans l'ordre décroissant) sur l'une des 2 autres baguettes.

Règle du jeu

- Il faut retirer les roues une par une.
- Une roue ne doit être posée que sur une autre plus grande qu'elle.

La locomotive

❶ *Prends une branche de 16 cm et d'un diamètre minimum de 4 cm.*

❷ *Creuse-la à l'avant pour y insérer une cheminée (faite avec une autre branche de diamètre inférieur).*

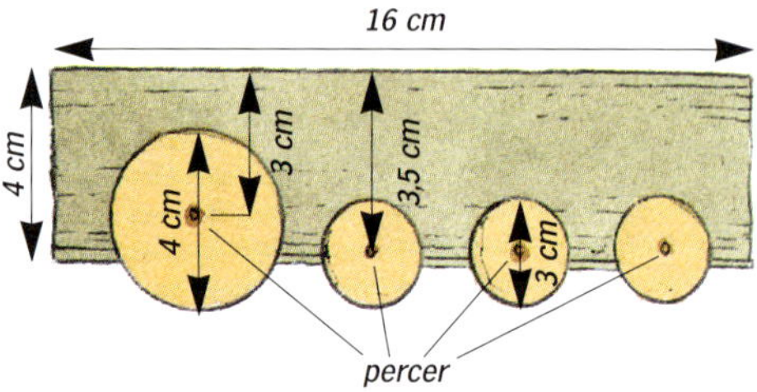

❸ *Procède de la même façon à l'arrière pour fabriquer la cabine. Pour consolider ta construction, il est préférable de fixer la cheminée et la cabine avec de la colle.*

❹ *Perce la branche dans sa largeur aux 4 endroits indiqués sur le schéma.*

❺ *Enfile dans chaque trou un axe fait de bois dur, que tu laisseras dépasser de chaque côté. Prévois du jeu pour que les roues puissent tourner.*

❻ *Découpe dans une branche de 3 cm de diamètre, 6 roues d'une épaisseur de 8 mm, et dans une branche de 4 cm de diamètre, 2 roues de la même épaisseur que les autres.*

❼ *Perce les roues en leur milieu (le diamètre du trou doit permettre d'y insérer l'axe légèrement en force).*

❽ *Emboîte les roues en plaçant les 2 plus grandes à l'arrière. Si les roues ne tiennent pas, colle-les sur l'axe.*

Les wagons

❶ *Pour construire les wagons, prends des branches plus petites (par exemple 10 cm de long et 3 cm de diamètre).*

❷ *Fixes-y 4 roues selon le même procédé.*

❸ *Réalise des crochets avec du fil de fer. Insère-les, après les avoir enduits de colle, dans des trous très fins que tu auras préalablement percés (à la vrille) aux 2 extrémités des wagons et à l'arrière de la locomotive. Cela te permettra d'atteler les wagons les uns aux autres.*

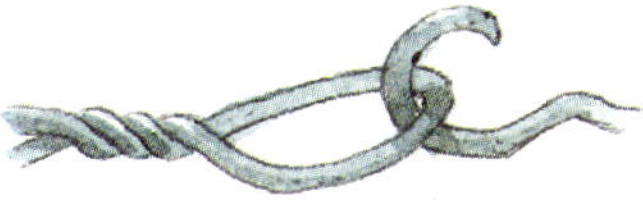

Tu peux varier la forme des wagons en fonction des matériaux à transporter.

Chemins de fer...

Libre à toi de dessiner des rails sur le sol et de confectionner des barrières et autres signaux avec de petites branches. Tu peux même construire une gare en t'inspirant du principe de construction des maisons p. 28-29.

La grenouille sauteuse

❶ *Prends une demi-coquille de noix vide. Entoure-la plusieurs fois avec un élastique.*

❷ *Introduis une branchette, un peu plus longue que la coquille, dans les tours de l'élastique. Fais-la tourner plusieurs fois.*

❸ *À chaque demi-tour, tire tantôt sur une extrémité de la branchette, tantôt sur l'autre.*

❹ *Donne un demi-tour supplémentaire au bâtonnet et retourne la coquille en la maintenant avec le doigt. Soulève le doigt : le bâtonnet se dresse et fait sauter la grenouille.*

La ronde des animaux

Avec un peu d'imagination tu peux fabriquer toutes sortes d'animaux et même mettre au point quelques dispositifs pour les animer ! Cherche des branches dont les formes naturelles t'évoquent différentes bêtes, puis « invente » divers animaux qui ressembleront plus ou moins aux vrais.

Le coq

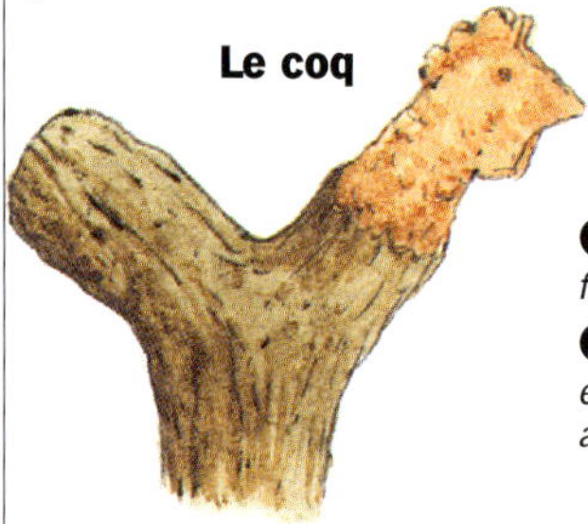

❶ *Prends une petite fourche de bois tendre.*

❷ *Taille une extrémité en forme de tête de coq, avec une crête et un bec.*

❸ *Taille l'autre extrémité en forme de queue.*

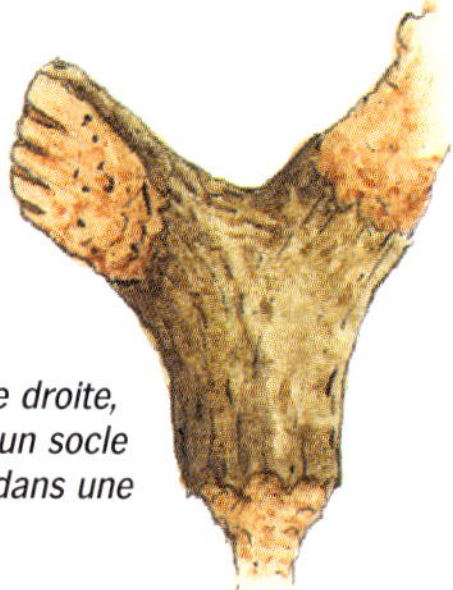

❹ *Taille en pointe l'extrémité de la tige droite, puis insère-la dans un socle circulaire découpé dans une autre branche et préalablement percé.*

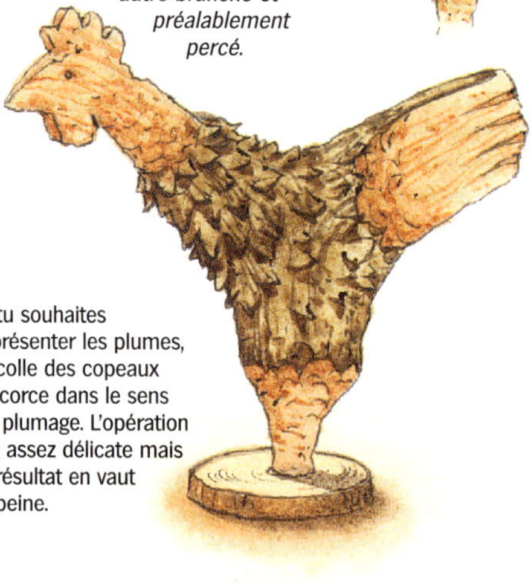

Si tu souhaites représenter les plumes, décolle des copeaux d'écorce dans le sens du plumage. L'opération est assez délicate mais le résultat en vaut la peine.

Le cheval

❶ *Prends une branche de bois tendre coudée. Taille l'extrémité de la partie oblique en l'affinant dans sa partie inférieure pour faire l'encolure et la tête de l'animal.*

❷ *Sculpte les yeux et les oreilles dont tu pourras noircir l'intérieur avec du charbon.*

Quels bois utiliser

Choisis des bois tendres que tu trouveras près de l'eau par exemple, comme le saule, l'aulne...

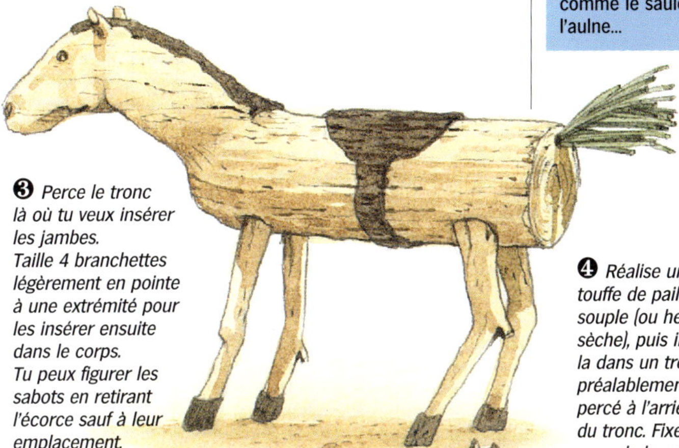

❸ *Perce le tronc là où tu veux insérer les jambes. Taille 4 branchettes légèrement en pointe à une extrémité pour les insérer ensuite dans le corps. Tu peux figurer les sabots en retirant l'écorce sauf à leur emplacement.*

❹ *Réalise une touffe de paille souple (ou herbe sèche), puis insère-la dans un trou préalablement percé à l'arrière du tronc. Fixe avec de la colle.*

Variantes

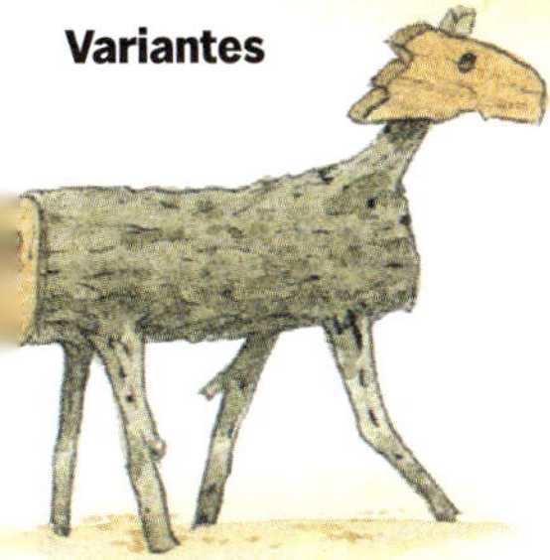

Tu peux tailler l'écorce sur le haut de l'encolure de manière à dessiner la crinière.

Tu peux également sculpter la forme de la selle sur le dos du cheval.

Animaux de tous bois !

En suivant la même méthode et en variant les formes, tu peux réaliser un mouton, un hippopotame ou tout autre animal. Utilise des branches avec de petites fourches pour faire des animaux à cornes.

Les 2 oiseaux prudents

❶ *Pour faire les oiseaux, prends une fourche dans du bois tendre et sculpte la queue.*

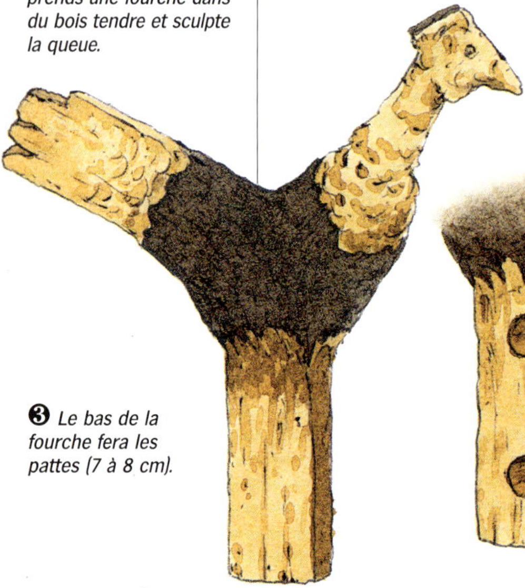

❷ *Modèle la tête et les plumes avec un couteau. Caractérise-les avec un bec, une huppe, une aigrette...*

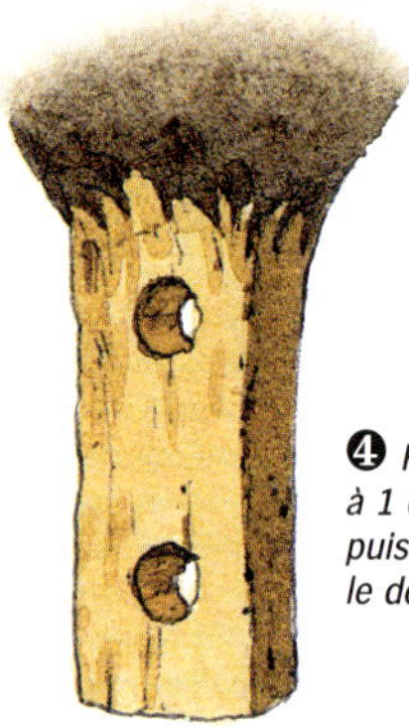

❸ *Le bas de la fourche fera les pattes (7 à 8 cm).*

❹ *Réduis les pattes à 1 cm d'épaisseur, puis perce-les (voir le dessin).*

❺ *Prends 2 baguettes. Arrondis-en les extrémités. Perce 2 trous dans chacune (l'emplacement des trous dépend de la taille des oiseaux).*

❻ *Fixe-les sur les 2 baguettes, comme indiqué, à l'aide de chevilles (elles doivent pouvoir bouger librement).*

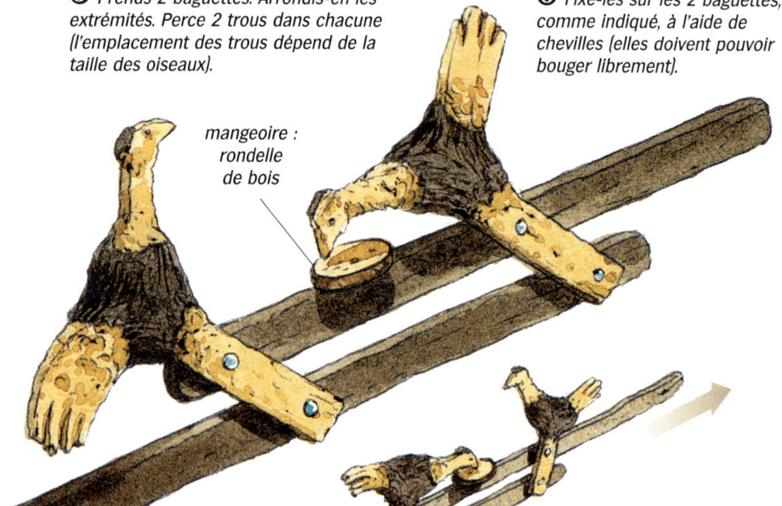

En faisant bouger les baguettes, un des oiseaux baisse la tête, tandis que l'autre la lève.

À la foire

Fabrique 2 animaux, par exemple 2 hippopotames. Utilise une branche fendue pour faire la gueule. Tu peux ajouter des dents... ou d'autres détails.

❶ *Prends 2 baguettes (diamètre : 3 à 4 cm), la 1re de 30 à 40 cm de long, la 2e plus petite pour faire l'axe.*

❷ *Perce l'axe aux 2 extrémités pour y insérer des chevilles (taillées dans du bois dur).*

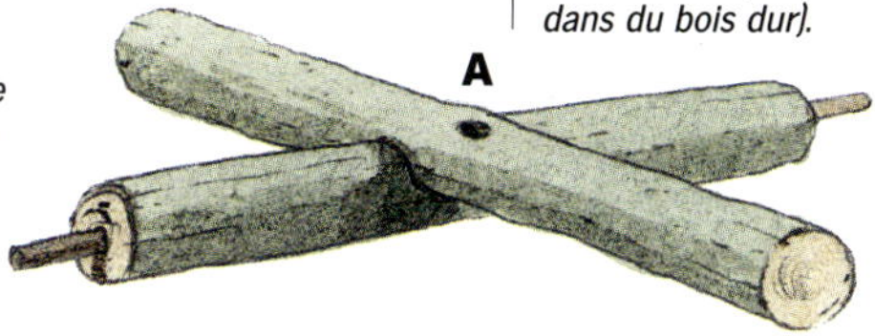

❸ *Au milieu de chacune des baguettes fais un creux plat de 2 à 3 cm de large et de 5 mm de profondeur.*

❹ *Emboîte les 2 plats en croix et perce un trou A qui traverse les 2 plats (1,5 cm de diamètre).*

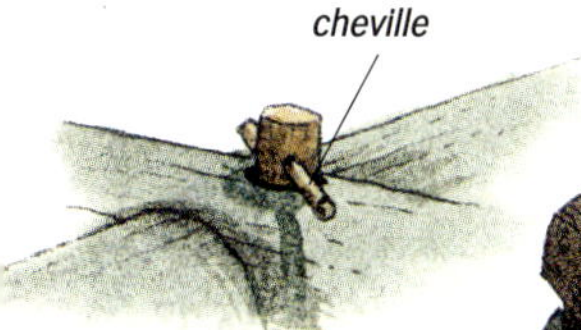

❺ *Prends un morceau de bois vert de 20 cm de long (diamètre : 2 cm). À une extrémité, fixe un contrepoids que tu auras percé (marron). Au besoin, mets un point de colle. Affine ensuite l'autre extrémité sur 7 ou 8 cm de long (1,5 cm d'épaisseur), et perce-la. Attention de ne pas la casser !*

❻ *Enfile cette extrémité dans le trou A en la laissant dépasser. Bloque avec une cheville (bois dur).*

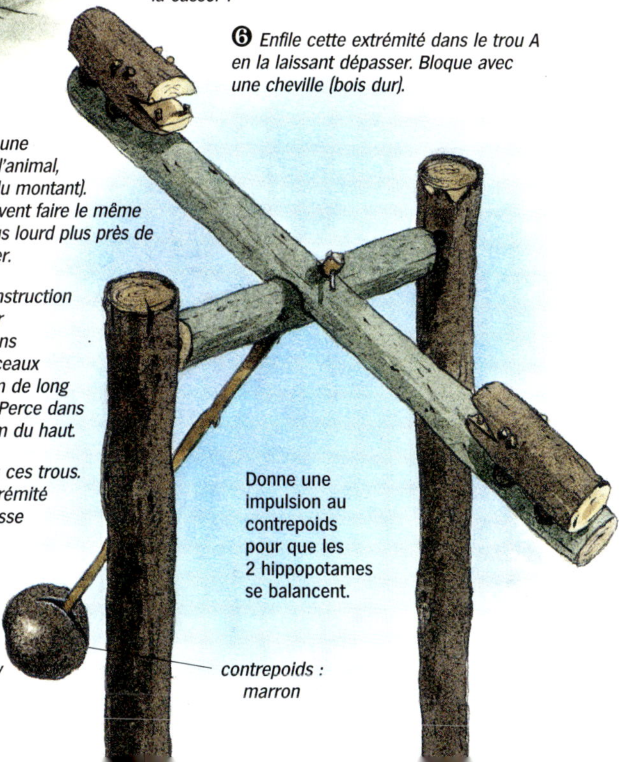

❼ *Fixe ensuite les 2 hippopotames avec une cheville (un trou sous l'animal, un trou à l'extrémité du montant). Les hippopotames doivent faire le même poids. Sinon fixe le plus lourd plus près de l'axe pour les équilibrer.*

❽ *Termine par la construction du bâti qui va recevoir le dispositif que tu viens de construire : 2 morceaux de bois de 30 à 35 cm de long (diamètre : 3 à 4 cm). Perce dans chacun un trou à 2 cm du haut.*

❾ *Articule l'axe dans ces trous. Au besoin réduis l'extrémité de l'axe pour qu'il puisse jouer librement.*

❿ *Dans une demi-bûche (socle) perce 2 trous (écartement égal à celui des montants). Emboites-y les 2 montants.*

Donne une impulsion au contrepoids pour que les 2 hippopotames se balancent.

Les cannes

Choisis une tige droite – un rejet de châtaignier, de frêne ou de noisetier – que tu décoreras selon tes goûts.

Bâtons de bergers

Les bergers sculptent leurs bâtons avec des têtes et des corps de serpents. On dit que lorsqu'ils en rencontrent, ils agitent délicatement leur bâton ; les serpents restent alors immobiles et figés face à cet objet qui ondule comme eux.

Le makila

Les Basques sculptent leur canne (ou makila) dans du néflier. Ils incisent l'écorce sur l'arbre vivant : la sève et l'écorce qui se reconstitue forment des « reliefs ». Ils coupent la branche 1 ou 2 ans après.

À bâtons rompus

Pour se promener dans la campagne, qui n'a pas son bâton ? Le bâton du chercheur de champignons, celui du berger... Et si tu offrais un bâton de ta fabrication à grand-père ou à grand-mère... En dehors des cannes, tu peux construire de nombreux jouets, avec des bâtons.

Laisse-toi inspirer par une forme naturelle et fabrique ainsi une canne originale.

Tu peux utiliser avec bonheur les décorations naturelles du bois : taches de l'écorce, veinules...

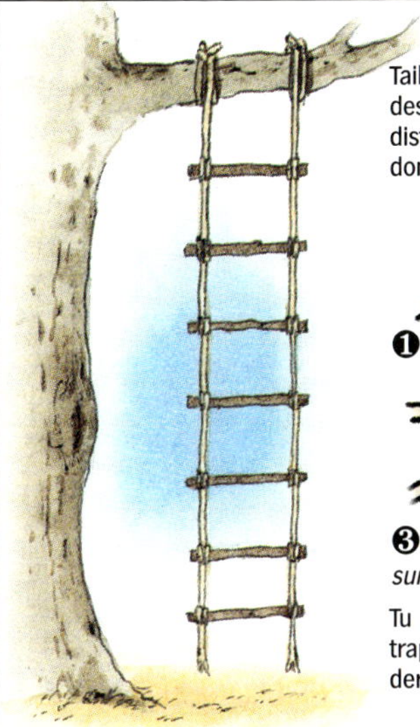

Une échelle

Taille dans des branches de 2 cm de diamètre environ des barreaux de 30 cm. Attache les barreaux à égale distance les uns des autres, en suivant les indications données.

❶ *Fais une boucle ;*

❷ *puis une autre ;*

❸ *fais passer la seconde sur la première ;*

❹ *passe le barreau dans l'espace vide et serre.*

Tu peux ensuite jouer au trapéziste... ou attacher le dernier barreau au sol.

Attention ! Utilise des cordes et du bois suffisamment solides pour supporter ton poids.

Les grimpeurs

❶ *Fabrique un personnage : utilise une fourche dans laquelle tu fixeras les bras. Tu peux ajouter une tête, sculptée dans la branche ou fixée avec une cheville.*

❷ *Perce les mains comme indiqué sur le dessin.*

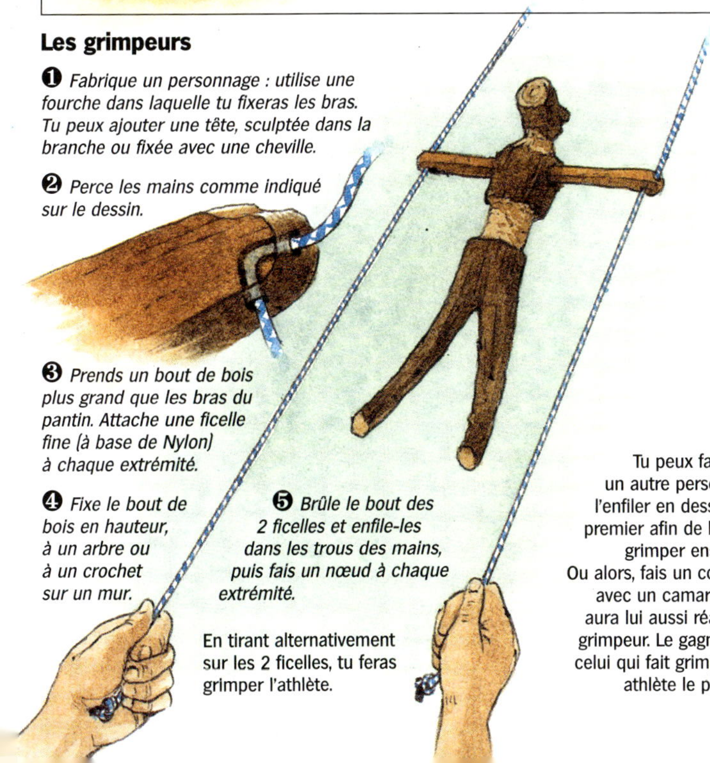

❸ *Prends un bout de bois plus grand que les bras du pantin. Attache une ficelle fine (à base de Nylon) à chaque extrémité.*

❹ *Fixe le bout de bois en hauteur, à un arbre ou à un crochet sur un mur.*

❺ *Brûle le bout des 2 ficelles et enfile-les dans les trous des mains, puis fais un nœud à chaque extrémité.*

En tirant alternativement sur les 2 ficelles, tu feras grimper l'athlète.

Tu peux fabriquer un autre personnage, l'enfiler en dessous du premier afin de les faire grimper ensemble. Ou alors, fais un concours avec un camarade qui aura lui aussi réalisé un grimpeur. Le gagnant est celui qui fait grimper son athlète le plus vite.

La tente

❶ *Enfonce 2 baguettes fourchues dans le sol.*

❷ *Fais reposer une baguette sur les fourches.*

❸ *Dispose des branches en oblique sur le faîtage, les unes à côté des autres. Prends soin de les enfoncer légèrement dans le sol.*

❹ *Tu peux aussi les espacer et combler les vides avec de l'écorce ou de la végétation.*

Le village

Pour réaliser un village miniature, choisis un emplacement où tes constructions ne risquent pas d'être piétinées. Fabrique différentes maisonnettes dont tu détermineras l'implantation de manière à pouvoir tracer des routes de l'une à l'autre, comme dans un vrai village.

Le tipi

❶ *Trace un cercle sur le sol.*

❷ *Sur le périmètre du cercle, plante 6 baguettes, puis relie-les au sommet avec une ficelle.*

❸ *Dispose ensuite des baguettes les unes à côté des autres tout autour de cette structure, en laissant une ouverture pour la porte.*

La cabane

❶ *Coupe une vingtaine de baguettes pour les murs des côtés, une dizaine moins longues pour le mur arrière et une dizaine encore plus petites pour celui de devant.*

❷ *Monte les murs en croisant perpendiculairement les grandes et les petites baguettes ; au besoin, fixe avec de la colle. Ménage une porte sur la façade (baguettes les moins longues).*

❸ *Au milieu des façades avant et arrière, place une fourche puis fais reposer une branchette horizontalement sur les 2 fourches.*

❹ *Dispose des écorces sur la structure ainsi mise en place, en les croisant sur le faîtage.*

❺ *Fixe-les sur le faîtage et en bas du toit avec des branchettes transversales (celles du bas seront maintenues par des baguettes plantées verticalement de chaque côté).*

Tout un village...

Voilà ! À partir de ces modèles de « maisons », tu peux construire tout un village. Lorsque tu auras terminé la construction des maisons, aménage l'environnement : délimite les jardins avec des branchettes plantées dans le sol pour les piquets de clôture ; aménage des jardins autour des habitations (mousses et lichens pour les pelouses, petites branches avec des feuilles pour les arbres) ; trace des routes entre les terrains... Tu peux même animer ton village en y introduisant des personnages, des animaux (voir p. 22 à 25) et des voitures (voir p. 18).

Solution du petit casse-tête :

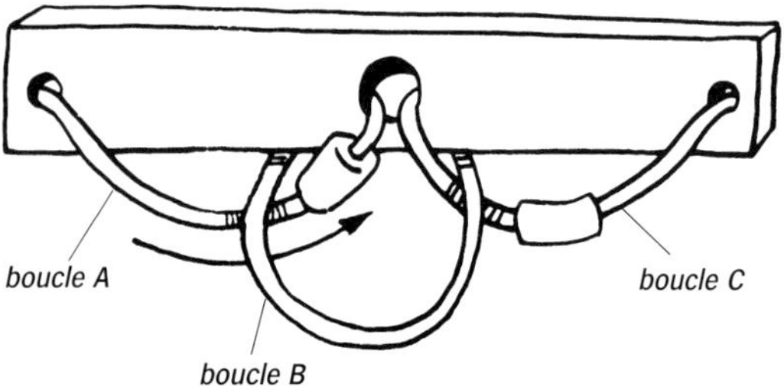

❶ *Tire la boucle B vers le bas. Passes-y la perle de gauche.*

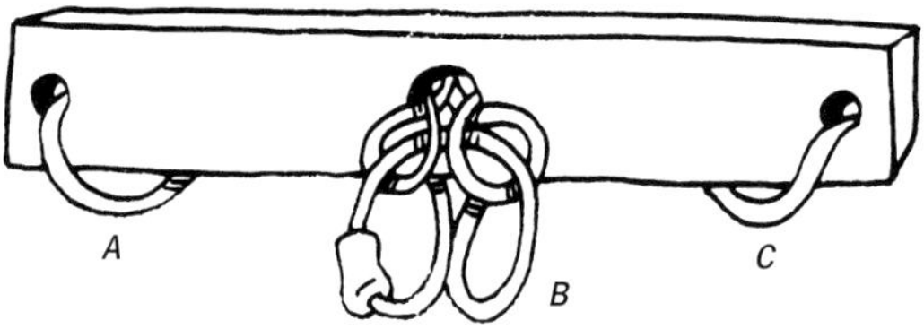

❷ *Tire fortement vers l'arrière les boucles A et C : la boucle B doit passer dans le trou central.*

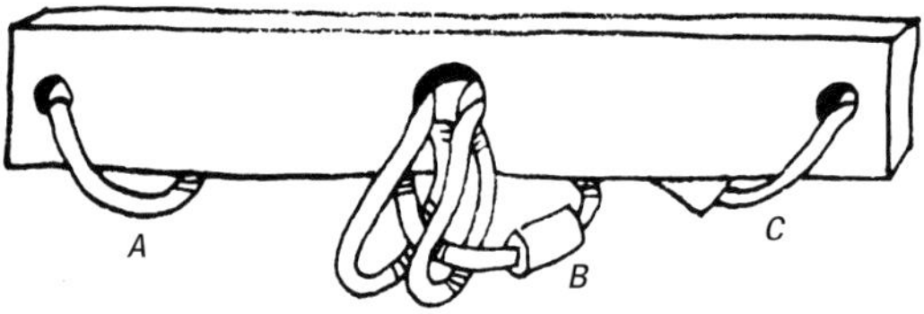

❸ *Fais glisser la perle vers la droite pour qu'elle coulisse vers l'autre en passant au travers des 2 boucles qui sortent du trou central. Il faut les agrandir pour permettre le passage.*

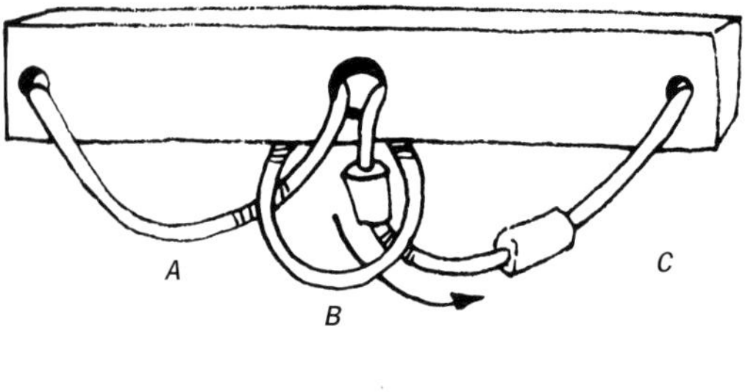

❹ *Tire les boucles A et C vers le bas : la perle se trouve dans le nœud coulant B. Puis fais glisser la perle sur la boucle C : les 2 perles sont du même côté.*

Index

Lorsque tu as réalisé un jouet, coche le ☐ correspondant à son nom.

**Activités et identification, la nature est pleine d'idées,
et tes carnets pleins d'inventions.**

Dans la même collection

300, rue Léon-Joulin, 31101 Toulouse Cedex 9, France.

Loi 49.956 du 16.07.1949
ISBN : 2.7459.1600.9
Dépôt légal : 2e trimestre 2006
Imprimé en Italie par Canale

www.editionsmilan.com